CW01664927

collection

cascade

GENEVIÈVE SENGER

TOUS LES JOURS EN VACANCES

ILLUSTRATIONS DE CHRISTIAN MAUCLER

RAGEOT • ÉDITEUR

Collection dirigée par Caroline Westberg

ISBN 2-7002-2732-8
ISSN 1142-8252

Pour mes enfants.
Pour Louise et Jeanne.

LE DÉPART

– Aurore, dépêche-toi ! Le camion de déménagement va partir... Si tu veux revoir Delphine une dernière fois...

Une dernière fois ! Justement le mot qu'il ne fallait pas dire... Comme si je ne savais pas que ma meilleure amie me quitte ! Pour toujours !

Merlin me tire par le bras.

– Ne fais pas cette tête ! C'est pas la fin du monde ! Elle sera seulement à huit cents kilomètres !

Une dernière fois. Huit cents kilomètres. J'aboie :

– Je sais ! Je sais tout ça ! Inutile de me l'enfoncer dans la tête avec un marteau piqueur !

Je me dirige lentement vers la porte.

Je frissonne. Pourtant c'est encore l'été et le soleil n'en finit pas d'épanouir les dahlias du jardin. Je passe à côté d'eux, indifférente. Eux, ils restent, et Delphine va partir. Je déteste les fleurs.

– Ah enfin ! J'ai cru que tu ne viendrais plus !

Delphine me regarde, les yeux embués. Elle me désigne sa chambre vide.

– Regarde ! C'est moche, hein ?

Nous nous affalons sur la moquette bleue. Et nous nous serrons l'une contre l'autre sans parler. D'ailleurs aucun son ne sortirait de ma gorge nouée. Et Delphine est aussi émue que moi.

Soudain, la porte s'ouvre avec fracas et une voix retentit dans la pièce vide :

– Allez c'est l'heure ! On s'en va !

La mère de Delphine s'approche de nous. Elle murmure :

– Je sais que c'est dur ! Mais, huit cents kilomètres ce n'est pas le bout du monde ! L'avion, le train, le téléphone, Internet et le courrier...

Je jette précipitamment pour ne pas éclater en sanglots :

– Moi j'écrirai...

– Et moi je t'enverrai des messages par e-mail.

Nous nous levons, le visage chiffonné. Delphine m'embrasse une dernière fois et s'engouffre dans la voiture. Son père est déjà au volant et il démarre en trombe. Je fais un dernier signe de la main – c'est le jour des derniers –, et je rentre chez moi, dans la maison d'à côté. Pour ne rien arranger, dans trois jours c'est la rentrée des classes.

Merlin, mon frère, est en train de ranger ses affaires dans son cartable. Il me lance :

– Tu ferais bien d'en faire autant ! Il paraît que la maîtresse est très maniaque. Elle se fâche quand les élèves n'ont pas leurs affaires…

Je hausse les épaules.

– Ça m'est égal ! Tout m'est égal !

Merlin se met à gesticuler en imitant ma voix :

– Ça m'est égal ! Tout m'est égal !

Et il se moque de moi, en plus ! Il n'a donc vraiment pas de cœur !

– Eh, secoue-toi ! Ce n'est pas si grave ! Des copines, tu en auras d'autres !

– Tu peux peut-être changer de copain comme de tee-shirt, mais pas moi ! Delphine, c'est mon amie depuis la maternelle, à la vie à la mort. Et une copine comme ça, on n'en a qu'une dans la vie !

Je tourne les talons et m'enfuis dans ma chambre.

Je déteste les dahlias. Je déteste mon frère. Je déteste les parents de Delphine et surtout son père qui s'est fait muter à l'autre bout de la France.

LE NOUVEAU VOISIN

J'ai dû m'endormir. Soudain j'entends frapper à ma porte et la voix de Merlin s'élève dans le couloir :

– Eh, Aurore ! Viens voir ! Il y a du nouveau !

J'enfonce mon visage dans mon oreiller. Je n'ai pas envie de nouveau.

Mais il insiste :

– Viens je te dis ! Tu ne le regretteras pas, je te jure !

Je me lève en ronchonnant. Au fond de moi, je suis un peu curieuse... Quand mon petit frère – attention, devant lui je n'ai pas intérêt à dire petit, il n'a que dix mois de moins que moi et nous sommes nés la même année, moi en janvier et lui en décembre ; ce qui fait que nous sommes ensemble en classe – annonce du nouveau, en général c'est rigolo.

Lorsque je sors de ma chambre, je le vois planté dans le couloir.

– Ah, enfin ! s'exclame-t-il. Tu as fini d'hiberner ! Viens, tu vas rire !

Je n'ai pas le cœur à rire, mais je le suis jusqu'au jardin. Il me précède vers le muret qui sépare notre maison de celle de Delphine. Enfin je devrais dire l'ancienne maison de Delphine. Mon cœur se serre à nouveau. Je ne m'y habituerai jamais.

– Regarde, me souffle Merlin, il est vraiment bizarre !

Je jette un coup d'œil vers le jardin. Les roses répandent leur parfum jusqu'à nous, et le portique sur lequel on jouait pendant des heures est toujours là. Je hausse les épaules.

– Tu veux parler du camion de déménagement dans la rue ? C'est celui des nouveaux voisins ! Je ne vois pas ce qu'il y a d'extraordinaire ! Si c'est pour ça que tu m'as réveillée, vraiment ce n'était pas la peine de te donner tant de mal !

– Je ne parle pas du camion, proteste Merlin en baissant la voix. Regarde sous le bouleau, à côté de la balançoire !

Il ajoute précipitamment :

– Et puis non, il va nous voir ! On aura l'air fin de l'espionner dès le premier jour. Viens, on file à la cabane !

Il court vers notre pommier, où nous avons construit la maison des beaux et des mauvais jours. C'est notre abri, notre cachette, notre refuge. Delphine y venait souvent… et on lisait des après-midi entières, calées contre les coussins. En plus, de là-haut, on a une vue panoramique sur les jardins des alentours.

Je gravis l'échelle branlante et je m'assois sur mon coussin préféré, celui que Delphine m'a offert le jour où nous avons inauguré notre cabane.

Merlin me tend les jumelles. Je les dirige vers le bouleau.

Je n'aperçois d'abord qu'une tache floue, je règle la molette et l'image se précise. Je pousse un cri :

– Je le vois ! C'est vrai qu'il est bizarre !

J'observe un moment le nouveau voisin et je déclare :

– Je le déteste ! Il a pris la maison de ma copine ! C'est à cause de lui…

Merlin m'interrompt :

– Arrête un peu ! Il n'y est pour rien, le pauvre. Ce n'est pas à cause de lui que Delphine est partie, tu le sais bien !

Il ajoute à voix basse :

– Ça fait une heure qu'il lit, sans bouger d'un pouce. Tu trouves ça normal, toi ?

Je hausse les épaules.

– Et alors ? Moi ce que je trouve bizarre, c'est qu'il n'aide même pas ! Non, monsieur reste tranquillement assis sous son arbre à lire et à rêvasser pendant que les autres s'escriment à tout transporter... Il pourrait au moins porter des petits cartons !

– C'est vrai, ça ! reconnaît mon frère, je n'y avais même pas pensé.

Je ricane :

– Évidemment ! Tu es aussi paresseux

que lui ! Vous êtes faits pour vous entendre ! Qu'est-ce que tu attends pour aller lui dire bonjour ?

– Vas-y, toi !

– Moi ? Jamais ! D'ailleurs je ne veux pas voir ce qui se passe dans cette maison ! Pour moi elle n'existe plus, compris ?

Merlin rit en rangeant les jumelles dans leur étui :

– Eh bien, tu vas avoir du mal ! Car je ne sais pas si tu t'en es rendu compte, mais le nouveau doit avoir notre âge...

– Et alors ?

Il me regarde, ses yeux noisette pétillant de malice.

– Eh bien, ma vieille, il sera sûrement dans notre classe à la rentrée !

Décidément, ce n'est pas mon jour : ma meilleure copine m'abandonne, le nouveau a l'air d'un extraterrestre et je vais devoir le supporter tous les jours en classe.

Je ne peux m'empêcher de jeter un dernier coup d'œil vers lui. Il lit toujours, assis dans l'herbe. Il est si parfaitement immobile qu'on le croirait endormi.

Une femme s'approche de lui, ça doit être sa mère. Elle lui tend un verre de jus de fruit et un coussin qu'elle glisse sous ses fesses.

– Tu as vu, Merlin ? Non seulement il n'aide pas ses parents, mais en plus il se fait servir.

Merlin renchérit :

– Il a les fesses fragiles, il ne supporte pas l'herbe.

Je n'ai vraiment pas de chance. J'ai échangé Delphine contre un monsieur bébé.

MONSIEUR BÉBÉ

Merlin et moi allons chercher notre goûter et nous revenons dans le jardin. Monsieur bébé n'est plus sous son bouleau. Il a dû rentrer se mettre au frais.

Tiens, tiens ! Des hommes sont en train de démonter la balançoire de Delphine. Les nouveaux seront sûrement contents de la trouver en arrivant, m'avait-elle dit.

Eh bien, elle s'est trompée : la balançoire ne convient pas à monsieur bébé. Elle n'est sûrement pas assez bien pour lui !

J'ai des picotements dans les yeux. Delphine et moi, on aimait tellement se balancer ! On faisait même des concours : à celle qui irait le plus haut, à celle qui toucherait la première la branche du bouleau...

J'ai l'impression qu'on m'enlève Delphine une seconde fois. Sa balançoire, c'est un peu elle.

Bientôt, les hommes ont terminé leur sale travail. Il ne reste plus qu'un carré de sable vide.

Non, ils n'ont pas fini. Ils reviennent avec une grosse poubelle noire dans les bras. Et ils se mettent à ramasser les cailloux ! Puis ils s'attaquent aux rosiers.

Ils déplantent les rosiers jaunes et blancs de Delphine ! Ça doit être une idée de monsieur bébé. Il a une tête d'arracheur de rosiers. Il a peut-être peur de se piquer ?

Le voici justement qui ressort de la maison, un livre à la main. Il marche lentement et va s'asseoir sous le bouleau. Puis il se plonge dans son bouquin sans même prêter attention à ce qui se passe dans son jardin. Il se contente de bouquiner pendant qu'on extermine allègrement les roses de Delphine !

Il faut absolument que je lui dise ce que j'en pense.

Je m'approche du muret et je l'appelle. Il ne répond pas. Je crie plus fort. Il lève un œil et m'aperçoit. Il me fait un salut de la main, mais reste assis.

Soudain, je fais un faux mouvement et m'égratigne sur les pierres du muret. Je ne peux m'empêcher de crier :

– Aïe ! Ces maudits cailloux !

Il daigne se lever, s'approche de moi et inspecte ma jambe.

– Ce n'est rien, tu vas vite cicatriser. Il n'y a même pas une goutte de sang !

Je grimace :

– N'empêche, ça fait mal !

Je saute du coq à l'âne :

– Tu as l'air d'aimer lire, toi !

Il sourit.

– Oui, j'adore ! Ça permet de voyager sans bouger et sans se faire mal !

C'est bien ce qu'il me semblait : le nouveau est une poule mouillée. Un bébé à sa maman.

Je ricane :

– T'es du genre douillet, toi ! Pas comme Delphine !

– C'est qui Delphine ?

– La fille qui habitait à ta place ! Celle qui est partie ! Ma meilleure amie !

Il me regarde de ses yeux clairs.

– Ah oui ! Je vois. Celle qui faisait de la balançoire...

Il reprend :

– Si tu veux, je peux te prêter mon

bouquin, il est vraiment génial, tu sais, c'est l'histoire de...

– Je m'en moque ! D'ailleurs, je n'aime pas lire. Je préfère la balançoire.

Il baisse la tête et murmure :

– Tu sais, j'aurais bien voulu la garder, la balançoire, mais...

Au même moment, une tête apparaît à la fenêtre de la maison.

– C'est l'heure de ta douche, mon chéri !

– Je file. À demain, Aurore !

Il rit devant mon air surpris et ajoute :

– Je sais tout. Et ton frère s'appelle Merlin, comme l'enchanteur dans la légende du roi Arthur...

J'hésite et je lance :

– À bientôt, à l'école ! Tu sais, on peut y aller ensemble, Merlin et moi on connaît un raccourci...

Il pâlit. Ses yeux clairs se noient. Il se détourne et je l'entends murmurer en se dirigeant vers la maison :

– C'est gentil, mais je ne pourrai pas venir… Merci quand même !

LA RENTRÉE

Nous sommes prêts, Merlin et moi, à affronter la sorcière Dubos (c'est le nom de notre maîtresse, cette année). J'empoigne mon sac à dos et nous filons vers le raccourci, les dernières recommandations de maman dans les oreilles :

– Et vous regardez bien avant de traverser la route !

Une route, elle exagère ! C'est juste une petite rue où seuls les riverains circulent.

Nous dévalons la pente. Finalement, je suis assez pressée de voir la nouvelle maîtresse. Merlin me demande :

– À ton avis, pourquoi est-ce que le voisin n'a pas voulu nous accompagner ?

Je hausse les épaules.

– Il va sûrement à l'école avec sa maman. Il a besoin qu'elle lui tienne la main jusqu'au portail. Tu vas voir, on le trouvera en larmes devant la grille.

Il n'est pas devant la grille. Mais je retrouve Doriane et Alexandra. Et tous ceux de l'année dernière, sauf Delphine.

Et sauf le nouveau. La cloche sonne et nous entrons en classe derrière la sorcière. C'est le premier jour et il est déjà en retard !

La maîtresse fait l'appel.

– Aurore Robin.

Je lève le doigt.

– Merlin Robin.

– Vous êtes jumeaux ? demande-t-elle.

Je lui explique que non. Toute la classe en profite pour glousser.

– Je ne vois pas ce qu'il y a de drôle,

déclare sèchement la maîtresse, je continue. Alexandre Roman.

Aucun doigt ne se lève. La maîtresse s'exclame :

– Ah oui ! J'oubliais. C'est votre nouveau camarade. Malheureusement, il ne peut pas venir pour le moment...

Je chuchote à Alexandra :

– C'est mon nouveau voisin. Il est vraiment bizarre, si tu le voyais !

Je m'interromps, car la maîtresse me foudroie du regard.

– Je n'aime pas les bavards. Et je vous avertis : le premier que je surprends en train de bavarder, je l'envoie directement dans le bureau du directeur !

Oh la vache, je pense, en me recroquevillant sur ma chaise. Je sens qu'on ne va pas rire cette année. Même Merlin n'arrivera pas à l'amadouer. Et Delphine qui n'est pas là ! Normalement, elle devrait être assise à côté de moi. À deux, on pourrait supporter le pire. Mais Delphine est dans sa nouvelle école, à l'autre bout de la France. Une école où elle ne connaît personne.

Je pense soudain à mon nouveau voisin. Je connais enfin son prénom, Alexandre. J'avais complètement oublié de le lui demander. Mais pourquoi donc n'est-il pas venu ce matin ? J'ai envie de poser la question à la maîtresse, mais je crois qu'elle n'apprécierait pas. Il vaut mieux que je me taise. Ce soir, j'irai dire bonjour à Alexandre et je saurai pourquoi il n'est pas venu à l'école.

La journée se passe plutôt bien. La maîtresse nous distribue nos nouveaux livres et Merlin réussit à amener un sourire sur ses lèvres. Il faut dire qu'il est drôle quand il demande d'une toute petite voix :

– Est-ce que je peux aller aux toilettes ou est-ce que je dois faire pipi dans mon pantalon ?

Et il ajoute, au moment où la maîtresse ouvre la bouche pour répliquer :

– Je sais, j'aurais dû y aller pendant la récréation, mais j'ai pas eu le temps, j'ai dû expliquer à mon copain que j'ai trouvé plein d'éclats de cristal dans les Alpes cet été. Il ne voulait pas me croire, alors ça a pris un moment !

La maîtresse le laisse sortir. Mon frère arrive toujours à obtenir ce qu'il veut !

La cloche sonne. Nous sortons de la classe. Merlin me souffle :

– À tout à l'heure.

Je le regarde, stupéfaite :

– Tu ne rentres pas avec moi ?

Il jette son sac sur son épaule et lance négligemment :

– J'ai promis à Lauriane de la raccompagner chez elle. Mais je rentre tout de suite après.

Il a du culot de me laisser tomber le premier jour !

– Tu fais ce que tu veux ! je réplique. Je n'ai besoin de personne pour me tenir la main ! Je suis assez grande.

J'aimerais bien pouvoir lui dire qu'Aurélien me raccompagne.

Mais Aurélien est parti depuis un moment et sans même me dire au revoir.

L'ÉCOLE À LA MAISON

En arrivant à la maison, je vois mon voisin en train de jouer avec une balle en mousse contre le mur de son garage. Il a de la chance : il n'est pas allé à l'école, lui !

Je m'approche et je lance :

– Salut, Alexandre !

Il ne bouge pas, il ne tourne même pas la tête.

Je répète d'une voix plus forte :

– Eh Alex, je te parle !

Enfin, il me remarque et son visage s'illumine.

– Ah c'est toi Aurore ! Avec qui tu es ?

– Avec personne, je rétorque. C'est à toi que je parle. Il n'y a que toi et moi ici !

Il rit :

– Mais je ne m'appelle pas Alex, je m'appelle Nicolas.

Je suis si surprise que je lâche mon sac sur le trottoir.

– Alors c'est pas toi le nouveau ?

Il secoue la tête.

– Non, ce n'est pas moi. D'ailleurs, ça ne peut pas être moi.

Il ajoute en hésitant, les yeux baissés sur le bout de ses baskets :

– Je ne vais pas à l'école, je ne suis pas inscrit.

Je m'exclame :

– Tu en as de la chance ! Alors, tu es tous les jours en vacances, tu restes tout le temps à la maison pour t'amuser ?

Aussitôt, j'ajoute :

– Mais pourquoi ? Ta mère ne veut pas que tu sortes ?

Il rougit. J'ai touché juste. Quand je vous disais que j'avais tout compris dès la première seconde. C'est un bébé à sa maman. Il n'ose pas la quitter pour aller à l'école comme tout le monde.

Il murmure :

– Ma mère ne veut pas.

Il ajoute précipitamment :

– Elle a peur qu'il m'arrive quelque chose et elle s'inquiéterait trop pendant mon absence... Surtout en ce moment ! Mon père est en Inde pour son travail et elle est seule avec moi...

Je riposte :

– Tous les parents sont inquiets, au début. Mais c'est pas une raison ! D'abord l'école est obligatoire ! Si elle ne l'était pas, moi non plus je n'irais pas.

Il sourit et m'explique :

– Elle n'est pas obligatoire, c'est l'instruction qui est obligatoire. Ça signifie que les parents peuvent choisir de nous enseigner les matières obligatoires à la maison. C'est ce que maman fait, tous les matins. J'ai un programme comme toi. Et, chaque année, je passe un examen pour vérifier mes connaissances.

– Et ça donne quoi ?

– Eh bien je m'en sors ! J'ai même une bonne moyenne aux tests. Ce qui prouve que l'école à la maison, ça marche aussi.

Je répète, ahurie :

– Tu as de la chance, toi ! Tu as vraiment de la chance ! Moi je suis obligée d'y aller !

À cet instant, Merlin arrive, son sac sur la tête.

– Qui est-ce qui a de la chance ?

Je lui raconte ce que je viens d'apprendre et il en reste bouche bée. Puis il s'exclame :

– Moi je n'aimerais pas ! Je préfère l'école et les copains. Ça doit être triste de rester tout le temps à la maison.

Comme si les vacances ne finissaient jamais !

– T'es fou ? C'est génial les vacances ! dis-je. Et on n'aurait pas de maîtresse, pas de punitions à recopier, pas de mauvaises notes, pas de dictées à apprendre, pas de piscine obligatoire quand il fait froid, et pas besoin de se lever quand il fait encore nuit et...

– Eh bien, t'as qu'à proposer à papa et maman de te faire la classe ! rigole Merlin, tu verras bien ce qu'ils vont te dire...

Il se tourne vers Nicolas :

– Au fait, pourquoi est-ce que tu ne vas pas à l'école ?

Je ne laisse pas à Nicolas le temps de répondre, je jette :

– Parce que sa mère n'a pas envie qu'il y aille ! Elle est géniale, sa mère ! J'aimerais bien avoir une mère comme ça.

Nicolas se mord les lèvres. On dirait qu'il hésite. Il finit par murmurer :

– Je n'ai pas tout dit…

Nous le regardons. Il continue, comme gêné :

– La vérité, c'est que je ne peux pas aller à l'école comme tout le monde. Parce que je ne suis pas comme tout le monde.

Évidemment il est un peu extraterrestre, mais enfin pas pire que certains garçons de l'école !

Il reprend :

– J'ai une maladie rare qui ne se voit pas. Une maladie qui est à l'intérieur…

– C'est le cœur ? s'informe Merlin qui veut devenir médecin plus tard et s'intéresse aux maladies. Tu as le cœur bouché ?

Il rit.

– Non, ce n'est pas le cœur ! Ni les reins ! Ni le foie ! Tout marche ! C'est le sang. Je suis hémophile.

– Hémo... quoi ?

– Bon, venez avec moi dans ma chambre, je vais vous expliquer.

LE PRISONNIER DU BOCAL

Nous entrons dans la maison de Delphine, enfin, la maison de Nicolas. Sa mère se précipite vers nous :

– Bonjour les enfants. Tu es Aurore, je suppose, et toi Merlin ? Nicolas m'a parlé de vous.

Elle sourit gentiment. Elle n'a pas l'air si terrible que je le pensais.

Nicolas nous entraîne vers sa chambre. Nous nous installons sur la moquette bleue. Tiens, ils n'ont pas changé la moquette ! Nicolas commence à expliquer :

– Hémophile, ça veut dire que mon sang ne coagule pas comme celui des autres. Alors si je me blesse fort, je risque de saigner très longtemps.

Merlin s'exclame :

– Tu n'as qu'à mettre de l'eau oxygénée sur ta coupure et appuyer dessus avec du coton !

Il rigole.

– Ce n'est pas aussi simple. Parfois, quand je me cogne très fort, j'ai des bleus qui durent longtemps. Il faut même que j'aille à l'hôpital. De toute façon, je vais régulièrement au centre de transfusion pour recevoir des fractions de plasma. La dernière fois, c'était il y a huit jours…

Je l'interromps :

– Des fractions de quoi ?

– Des fractions de plasma, répond-il. C'est du sang, enfin, une partie du sang. Et ça permet à mon sang de coaguler un peu mieux.

Nous restons un instant bouche bée, puis je demande :

– Mais tu l'as attrapé comment, ton hémomachin ?

Il esquisse un petit sourire un peu triste.

– Ça ne s'attrape pas, c'est une maladie héréditaire.

Je demande encore :

– Et c'est contagieux ?

Si seulement je l'attrapais, je n'aurais plus besoin de supporter la sorcière Dubos. Mais, bon, l'hôpital, ça ne me tente pas vraiment.

– Ne rêve pas, Aurore, s'exclame Merlin. Ce n'est pas contagieux, puisque c'est héréditaire. Ça veut dire qu'on l'a à la naissance.

– Et ça ne se guérit pas, ajoute Nicolas. Il faut vivre avec toute sa vie.

Je n'ai plus du tout envie de l'avoir,

cette maladie qui dure. Toute la vie, c'est trop long. Je préfère encore la sorcière Dubos. Elle, je ne l'aurai qu'une année. Je lance :

– Eh bien dis donc ! C'est pas drôle, ton truc ! T'as le droit de rien faire !

Merlin récapitule :

– Si je comprends bien, tu n'as pas le droit de faire de la balançoire, ni de jouer au foot, ni d'escalader les arbres, ni de faire du roller... Mais c'est l'enfer !

– Bon, bon, faut pas exagérer, je m'empresse d'ajouter en voyant la mine sombre de Nicolas. Il a le droit de sortir et de jouer avec nous.

Mais Merlin, toujours aussi délicat, enfonce le clou :

– Sauf qu'au moindre bleu il risque de se retrouver à l'hôpital avec des tuyaux dans les bras !

J'aimerais bien lui donner un coup de pied, à cet idiot, mais Nicolas risquerait de le remarquer. Au pire, si je suis maladroite, c'est lui qui le recevrait ! Et c'est justement ce qu'il faut éviter.

– Tu es fragile, quoi, c'est tout. Eh bien ça pourrait être pire !

J'ajoute :

– Maintenant, on a compris pourquoi tu ne viens pas à l'école !

Merlin riposte :

– Moi je ne comprends pas. Ça ne t'empêche pas de venir quand même ! Tu n'irais pas en sport, c'est tout.

Nicolas dévisse le couvercle d'une petite boîte et jette une pluie de poudre dans l'aquarium où trois poissons rouges tournent autour d'une plante verte. Je ne peux m'empêcher de penser qu'il ressemble à ses poissons : lui aussi est enfermé dans un bocal. À l'abri du monde extérieur. Un monde qui risque de lui faire mal.

– Figure-toi que j'y ai pensé ! Mais maman ne veut pas en entendre parler ! Quand j'étais petit, j'étais casse-cou et je me faisais souvent mal. Surtout aux genoux. Les genoux, chez les hémophiles, c'est le plus fragile car c'est sur les genoux qu'on tombe le plus souvent. Les miens triplaient de volume. Et maman avait toujours très peur.

J'ouvre des yeux ronds.

– Toi, casse-cou ? Mais tu ne bouges jamais, tu lis tout le temps.

– Oui, maintenant je fais attention, rigole-t-il.

– Mais alors, tu n'iras jamais à l'école, ni au collège ?

Il fait la grimace.

– Je ne sais pas. Sans doute qu'on continuera comme ça, et que j'aurai un professeur particulier pour les maths, car maman n'est pas très forte en maths.

– Tu ne vas tout de même pas rester chez toi jusqu'à la fin de ta vie !

– Tu as raison, dit Nicolas en souriant. Moi aussi j'ai déjà pensé que je pourrais vivre comme les autres, mais…

Il n'achève pas sa phrase. On a compris. Sa mère, toujours sa mère.

De retour à la maison, je ne peux m'empêcher de songer à Nicolas. Et moi qui le prenais pour un extraterrestre ! Ça ne doit pas être facile tous les jours d'être hémo…, hémo… quoi déjà ? Il faudra que je redemande à Merlin le mot exact.

Le voici qui entre dans ma chambre comme un ouragan.

– On va faire du VTT sur la place ! Tu viens ?

– Qui ça, on ?

– Moi et Lauriane, elle est dans le couloir, elle attend…

Je grommelle :

– Allez-y tous les deux, je n'ai pas trop envie.

Il sort en trombe et je me retrouve seule. Et je n'ai même pas de poissons rouges à nourrir. J'aurais pu les accompagner, mais je déteste Lauriane. Elle est insupportable. Je ne comprends vraiment pas ce que mon frère lui trouve. Elle n'est même pas mignonne avec ses dents de travers qui lui font un sourire de vampire. Elle, à Halloween, elle n'a pas besoin de se déguiser ! Bon, pour être sincère, je suis un peu jalouse. Je n'ai qu'un frère, moi, et ma meilleure amie m'a quittée pour le bout du monde.

Je m'écroule sur mon lit et je pense à Nicolas. J'essaie de retrouver son visage : pâle, mais avec des traits fins, délicats. Il a des dents très blanches et droites. Et surtout des yeux bleus comme les myosotis qui fleurissent au printemps dans le jardin. Des yeux d'un bleu étourdissant.

Plus j'y pense, plus je me dis qu'il est beau, plus beau que tous les garçons de la classe.

Il vaut peut-être mieux qu'il ne vienne pas à l'école. Toutes les filles seraient amoureuses de lui ! Surtout ce vampire de Lauriane. Je l'imagine très bien lui dire : « Salut, ça va ? » en minaudant de sa voix pointue.

Demain, je demanderai une photo à Nicolas. Pour qu'il ne soit pas trop surpris, je lui dirai que je collectionne les photos de mes voisins.

Je la cacherai au fond de mon tiroir. Nicolas, c'est mon secret.

UN PROJET GÉNIAL

Nous rangeons nos fichiers de maths. Qu'allons-nous faire maintenant ?

– Si on parlait un peu de nos projets pour l'année ?

Tous les regards sont braqués sur madame Dubos. Elle ajoute :

– À présent que nous nous connaissons mieux, je crois que nous allons bien nous entendre.

Lauriane entrouvre sa bouche pour sourire. On dirait vraiment un vampire !

Je me mets à rire malgré moi et madame Dubos lance :

– Ah, je vois qu'Aurore a une idée. Tu peux nous la faire partager, s'il te plaît ?

Mon rire s'arrête net. Elle reprend :

– Alors, Aurore ? Tu as perdu ta langue ?

Je n'ai pas la moindre petite idée, mais la maîtresse ne me lâche pas des yeux.

– On pourrait faire plus de dictées...

Toute la classe s'écrie :

– Ah, non !

Madame Dubos hoche la tête :

– C'est une excellente idée...

On me lance des regards noirs. Je me recroqueville contre mon bureau.

– ... mais nous en faisons suffisamment pour l'instant.

Je pousse un soupir de soulagement. Ouf ! Mon idée n'est pas retenue. Heureusement, Aurélien propose :

– Si on allait en classe de mer ?

Alors, là, ça a l'air de plaire à tout le

monde. Pas comme ma dictée. Madame Dubos frappe dans ses mains.

– Oui, c'est une idée à considérer. Mais une classe de mer, ça se prépare activement. Et il faut trouver de l'argent pour la financer.

Merlin s'écrie :

– On peut organiser une brocante...

– On pourrait fabriquer des calendriers avant Noël, ça marche toujours ! ajoute Lauriane en riant de toutes ses dents.

Madame Dubos conclut :

– On en reparlera... Maintenant au travail, prenez vos cahiers de grammaire !

Nous nous plongeons dans nos exercices. Malgré la grammaire, je me dis que nous avons de la chance. C'est la première année qu'une maîtresse est d'accord pour organiser une classe de mer.

Je me demande où nous irons. Chaque été, papa et maman nous emmènent soit dans les Alpes soit à La Baule. La Méditerranée, ça doit être chouette ! Toute bleue avec des vagues douces, et une eau toujours chaude.

Et Nicolas ?

Évidemment, il ne viendra pas. Il restera chez lui avec ses poissons rouges.

Je sens mon cœur se serrer. C'est injuste. On a une maîtresse avec de super projets, mais il n'a pas le droit d'en profiter. À cause de sa mère qui a peur de tout. Si c'était la mienne, je lui dirais ce que j'en pense !

Finalement, il est trop gentil, Nicolas.

Et, à coup sûr, c'est un bon élève. Mais ça je risque de ne jamais pouvoir le vérifier...

Jusqu'à la sonnerie, je rêve à la classe de mer. Et Nicolas est avec nous.

Devant l'école, Merlin me pousse du coude :

– Regarde qui est là-bas !

Je tourne la tête et je crie :

– Nicolas, qu'est-ce que tu fais ici ? Ta mère t'a laissé sortir ?

Il éclate de rire.

– Je suis venu vous chercher, tout seul comme un grand. J'avais envie de voir comment était l'école...

– Ça va chauffer quand tu rentreras !

Il hausse les épaules d'un air insouciant.

– On verra bien !

Il ajoute en jetant autour de lui des regards pleins de curiosité :

– Tu me fais visiter ? Je ne suis jamais entré dans une salle de classe. Ni dans une cour de récréation.

Je l'entraîne en le tirant par la manche. Il regarde un long moment la cour plantée de tilleuls, le macadam blanchi par la craie, les trois toboggans reliés par une passerelle de corde, le mur d'escalade et la cabane avec ses bancs.

– On va en récré deux fois par jour, matin et après-midi. C'est le meilleur moment de la journée. Sans récré, l'école ne serait plus l'école !

Il hoche la tête d'un air triste :

– Je comprends…

– Tu aimerais venir, c'est ça ?

Aïe, sa mère s'avance vers nous, le visage inquiet.

– Ah, Nicolas, tu es là ! Je t'ai cherché partout.

Elle se précipite sur son fils pour l'inspecter sous toutes les coutures.

– Ouf ! Tu n'as rien ! Tu aurais pu me prévenir que tu sortais.

Nicolas se dégage d'un geste vif.

– Mais maman, tout va bien ! Il ne m'est rien arrivé !

Elle n'a pas l'air convaincue, mais elle ne dit rien. Si j'étais Merlin, je suis sûre que j'arriverais à la persuader de me laisser aller à l'école…

LE GOÛTER

Nous rentrons tous les trois de l'école. Merlin a encore disparu avec Lauriane. Décidément, c'est le grand amour.

Heureusement, la mère de Nicolas marche nettement moins vite que nous. On en profite pour la distancer. Comme ça, on peut parler tranquillement.

Je raconte à Nicolas que nous projetons d'aller en classe de mer au printemps. Il ouvre des yeux ronds, il ne savait même pas que ça existait !

– Il n'y a que les élèves ? Sans les parents ?

Je rigole :

– Évidemment, sinon ce ne serait pas drôle ! Tu nous vois avec nos mères sur le dos ?

Il reprend tristement :

– Moi, je ne pourrai jamais y aller.

Je ne sais que répondre.

Dire qu'au début je croyais qu'il avait de la chance ! Je me suis trompée.

Ça doit être horrible de rester chez soi tout le temps. Sans maîtresse. Sans copains. Sans récréation. Sans classe de mer.

Mais je ne le plains pas. D'ailleurs, je crois qu'il n'aimerait pas du tout. Il planterait ses yeux de myosotis dans les miens et il rétorquerait :

– Je suis bien comme ça. L'école à la maison, ça a des avantages. Je suis toujours en vacances ! Enfin presque.

Comme nous arrivons chez lui, sa mère me propose avec un sourire :

– Aurore, Nicolas et moi serions très contents de t'inviter à goûter à la maison, si ta mère est d'accord ! Si tu veux, je lui téléphone pour lui demander la permission.

J'accepte et Nicolas m'entraîne dans sa chambre.

Il me propose de faire une partie d'échecs pendant que sa mère prépare le goûter. J'accepte, mais je sens que je vais perdre. Je suis sûre qu'il est doué.

En huit coups, je suis échec et mat. Il rit !

– Ne t'en fais pas ! Moi, je m'exerce sur mon ordinateur. Alors j'ai une longueur d'avance sur toi, c'est normal.

Il ajoute :

– Tu sais, je participe à des tournois.

Et il m'arrive de gagner, même contre des adultes. Je joue depuis l'âge de quatre ans, c'est mon père qui m'a appris et j'ai tout de suite adoré.

Je souris :

– Au moins, ce n'est pas dangereux. Ce sont les pions qui tombent, pas toi !

Il rigole. Il est vraiment mignon.

– Viens, ma mère nous appelle ! On va goûter.

Sur la table de la cuisine, un magnifique gâteau au chocolat décoré de pistaches nous attend. Nous nous asseyons et elle nous sert d'énormes tranches qu'elle accompagne de glace à la vanille. Un délice. Finalement, la mère de Nicolas n'est pas si terrible, elle fait de super gâteaux.

Après deux portions de glace, je déclare que je ne pourrai pas avaler une bouchée de plus. Nicolas se lève en même temps que moi et nous sortons dans le jardin.

Nous nous asseyons sur le muret.

– Qu'est-ce qu'on fait maintenant ? On joue à quoi ?

– Aux dames ?

Mais, bien sûr, je me fais encore battre. Il est trop fort. Je vais plutôt lui proposer un jeu de hasard. Un jeu de cartes, par exemple.

J'ai gagné ! Je suis la reine du Uno. Ça, au moins, c'est un bon jeu ! Un jeu où je gagne. Et sans me casser la tête pour réfléchir.

Je me rappelle brusquement que j'ai des devoirs, une tonne de devoirs, pour le lendemain. Je n'ai plus qu'à rentrer si je veux en venir à bout avant le dîner. Car, après le dîner, douche et dodo, comme tous les soirs, et au lit à huit heures et demie au plus tard.

– Tu te couches à quelle heure, toi ?

– Vers neuf heures ! Sauf le mardi soir où je regarde la télé avec ma mère...

La chance qu'il a !

Je lui fais un dernier signe de la main et je disparais derrière la haie de rosiers qui n'existe plus.

Dans le couloir, je tombe sur Merlin qui vient de rentrer. Décidément, sa chère Lauriane l'accapare de plus en plus. Heureusement que j'ai Nicolas ! Ce n'est pas tout à fait aussi bien qu'avec Delphine, mais je suis contente de l'avoir pour voisin. Et les gâteaux de sa mère sont drôlement bons.

UNE CHANCE UNIQUE

– Votre nouveau camarade Alexandre n'est toujours pas arrivé, constate madame Dubos en scrutant la classe derrière ses lunettes. Mais il ne va pas tarder, m'a dit le directeur.

Je me moque bien du nouveau. De toute façon, on est assez nombreux : vingt-cinq, ça suffit pour chahuter.

Je sursaute. J'essaie de chasser l'idée, mais elle revient. Elle s'insinue en moi. J'ai beau la repousser, elle ne me laisse pas tranquille. Elle n'arrête pas de me dire :

« Mais si, Aurore, crois-moi, je suis une bonne idée ! La meilleure que tu aies jamais eue ! L'idée du siècle ! Du millénaire, même ! »

– Aurore ! Pourquoi est-ce que tu te trémousses de la sorte ? me demande la maîtresse.

Je bredouille :

– Pour rien...

Je ne peux tout de même pas lui parler de mon idée ! Elle tomberait comme une mouche.

– Essaie d'écrire sans trop de ratures !

Je baisse la tête sur ma page et je continue à inscrire les mots qui me parviennent comme à travers une brume rose. Plus j'y pense, plus je me dis que c'est une idée originale. Et qui vaut la peine d'être mise en pratique, sinon je ne saurai jamais si elle est bonne ou non !

Vivement la récré que j'en parle à Merlin ! Il va me trouver géniale !

– Tu es folle ou quoi ? Qui t'a mis cette idée géniale dans la tête ? Ne me dis pas que tu as trouvé ça toute seule !

Il ajoute :

– Ça ne marchera pas ! Même pas la peine d'essayer ! C'est pas jouable ! Tu vas te faire attraper. Et je ne voudrais pas être à ta place à ce moment-là...

Merlin a sans doute raison. Mais j'insiste :

– Écoute ! C'est sa seule chance ! Et puis il ne viendra qu'une journée ! Une seule petite journée ! La maîtresse n'y verra rien.

Il ricane.

– Tu veux me faire croire qu'elle ne se rendra pas compte que Nicolas n'est pas Alexandre Machin-Chouette qu'on attend depuis la rentrée ? Tu rêves !

– Je ne rêve pas. Elle ne peut pas savoir que Nicolas n'est pas le nouveau puisque, justement, elle n'a jamais vu le nouveau. Nicolas peut prendre sa place une journée sans problème.

Merlin tourne son doigt contre sa tempe.

– T'es vraiment cric cric cassé tournevis ! Mais au fait, j'oubliais, tu en as parlé au principal intéressé ? Que dit l'heureux élu de ta géniale idée ?

Je fais un geste désinvolte.

– Oh il sera d'accord, c'est sûr ! Il rêve de venir voir ce qui se passe en classe. Pour lui, c'est l'occasion unique.

La cloche retentit et nous nous mettons en rang. Vivement ce soir que j'en parle à Nicolas ! Il va être fou de joie.

Nicolas me dévisage comme si j'étais une extraterrestre.

– Mais à quoi tu penses ? C'est fou, ton idée ! Je ne suis pas Alexandre.

– Tu as peur ? je grommelle entre mes dents. C'est ça, avoue ! Tu as peur !

Il riposte, les joues rouges :

– Pas du tout ! Mais ce n'est pas jouable ton truc.

Tiens ! J'ai déjà entendu ça aujourd'hui. Je reprends :

– Tout est jouable à condition d'y croire ! Je ne te propose pas d'aller décrocher la lune, quand même !

– Non, juste de prendre la place d'un inconnu dans une école où je n'ai jamais mis les pieds.

Moi qui croyais qu'il me remercierait pour cette idée géniale !

– Comme ça tu pourras entrer sans problème dans notre classe ! Et voir ce qui s'y passe !

J'ajoute :

– D'ailleurs, on rigole bien…

Nicolas se tait. Il semble réfléchir. Je me balance d'un pied sur l'autre en attendant sa réponse. Il finit par dire :

– Je ne peux pas faire ça. Désolé, je ne peux pas.

– Bon, bon, n'en parlons plus ! J'ai cru te faire plaisir, tant pis pour toi. C'était ta seule chance de voir une classe de près.

Je murmure :

– Et il y a les récrés, n'oublie pas. Et on serait ensemble toute la journée. Et tu te ferais plein de copains… Aurélien par exemple, il a toujours des blagues à raconter. Et Kevin… Quand il imite la maîtresse, tu ne peux pas savoir comme il est drôle…

Je conclus :

– Mais n'en parlons plus ! Si on jouait aux échecs ? J'ai envie de faire des progrès. Et là, au moins, tu ne cours aucun risque.

– Tu me prends pour un trouillard, c'est ça ?

Je hausse les épaules.

– Je n'ai pas dit ça. Mais on croirait que tu as peur de tout. C'est peut-être parce que tu n'es jamais sorti de chez toi... Et puis, parfois, j'oublie que tu es malade.

Il me regarde dans les yeux.

– C'est vrai, je suis hémophile, mais je n'ai pas envie de passer ma vie à avoir peur de tout. D'ailleurs, ce n'est pas moi qui ai peur, c'est ma mère ! Je connais d'autres garçons qui ont la même maladie que moi et qui vont à l'école... alors pourquoi pas moi ?

PRÉPARATIFS

Je m'empresse d'annoncer la bonne nouvelle à Merlin. Je le trouve dans le sous-sol en train d'astiquer son VTT. Il m'écoute attentivement sans quitter son cher engin des yeux. Puis il se tourne vers moi et s'exclame :

– C'est super ! Sauf qu'il y a un problème ! Et de taille !

Il passe une dernière fois le chiffon sur le guidon et reprend :

– Sa mère. Comment va-t-il s'y prendre pour lui fausser compagnie ?

J'avais complètement oublié la mère de Nicolas ! Je suis vraiment une nouille.

– Il faut éplucher son emploi du temps pour voir s'il n'y a pas un trou quelque part... continue Merlin. Elle n'est peut-être pas à la maison vingt-quatre heures sur vingt-quatre...

Je regagne ma chambre la tête basse. Merlin lance dans mon dos :

– Eh, on ne peut pas penser à tout !

S'il croit que ça me réconforte ! Justement j'aurais dû y penser, au lieu de laisser croire à Nicolas que c'était facile.

Je suis en train de ruminer le problème, quand on frappe à la porte de ma chambre.

Couchée sur mon lit, je maugrée :

– Entre, Merlin !

Ce n'est pas Merlin. C'est Nicolas. J'en reste bouche bée. Il rigole.

– Ça t'épate, hein ? Eh bien, j'ai dit à ma mère que j'avais envie de venir chez toi...

– Elle t'a laissé sortir ?

– Mais oui, je ne suis pas en prison, quand même. J'ai le droit d'aller voir mes copains.

– Justement je pensais à toi, au sujet de l'école...

Il m'interrompt :

– Moi aussi je pensais à l'école, figure-toi ! Et je n'ai pas pu attendre jusqu'à demain pour t'en parler. J'ai trouvé la solution pour faire la maison buissonnière.

Il m'explique qu'après-demain sa mère va à Lyon pour la journée, rendre visite à une vieille tante. C'est Sophie, une amie de ses parents, qui viendra le garder. Il ajoute :

– Elle est super sympa, je la connais bien. Elle vient chaque fois que mes parents vont au restaurant ou au théâtre…

Il reprend son souffle et murmure, les yeux pétillants :

– Voilà ce qu'on va faire…

Jeudi matin à huit heures je dois lui téléphoner. Il décrochera et il dira :

– Allô ? Ah c'est toi Sophie ? Tu seras en retard ? D'accord, je préviens maman, à tout à l'heure !

Et il raccrochera. Puis il courra annoncer à sa mère que Sophie aura dix minutes de retard, mais que ce n'est pas la peine qu'elle l'attende.

– Tu crois que ça va marcher ? je demande avec angoisse.

– Pourquoi pas ?

Pourtant, quelque chose cloche dans le scénario. Soudain, je m'écrie :

– Et Sophie ?

Il s'exclame, content de lui :

– J'y ai pensé ! Je lui téléphonerai mercredi soir pour lui annoncer que ma mère, en fin de compte, ne part pas et qu'elle n'a pas besoin de venir. Elle ne se doutera de rien. C'est déjà arrivé qu'on annule.

J'inspire un grand bol d'air.

– Bon, il n'y a plus qu'à croiser les doigts en espérant que ça marche ! On se retrouve jeudi matin sur le trottoir devant le raccourci ? Je t'attendrai à partir de huit heures dix.

Pour nous changer les idées, nous commençons une partie de Uno. Et je gagne, puisque je suis la championne du Uno.

UNE JOURNÉE INOUBLIABLE

Nous attendons depuis cinq bonnes minutes déjà devant le raccourci qui mène à l'école. Il ne viendra pas. C'était trop beau. Pourtant, comme prévu, j'ai téléphoné à huit heures précises. Nicolas a répondu, j'ai raccroché...

– Le voilà !

Je cours à sa rencontre. Il porte un petit sac à dos. J'espère qu'il a pensé à emporter des stylos et un cahier.

– Ma mère est partie sans se douter de rien !

Il est fier de lui. Moi aussi. On a réussi !

Merlin douche notre enthousiasme.

– Eh ce n'est pas fini ! Il reste la maîtresse ! Et elle est maligne !

Je hausse les épaules :

– Et alors ? Même si elle découvre le pot aux roses, au moins Nicolas aura été à l'école ! C'est bien ça, le but de l'opération, non ?

Ils acquiescent en silence et nous marchons lentement vers l'école. À peine arrivés dans la cour, tout le monde se presse autour de nous.

– C'est le nouveau ? demande Lauriane en inspectant Nicolas de la tête aux pieds.

– Évidemment ! Qui veux-tu que ce soit ? je réponds d'un ton rogue.

Elle ne réplique pas. Soudain, je me rends compte que je n'ai averti personne de la maladie de Nicolas. Et si Lucas le terrible le boxait ou lui faisait un croche-pied ? Il faut que je le surveille, parce que s'il arrive un pépin à Nicolas je ne me le pardonnerai jamais !

Nicolas observe tout avec des yeux grands comme des soucoupes. Il se dirige vers le toboggan, mais la cloche sonne et il se met en rang, comme nous.

Madame Dubos s'avance vers lui pendant qu'il suspend sa veste dans le couloir.

– Je suppose que tu es celui qu'on attendait... C'est Aurore qui t'a montré où était ta classe ?

Il fait un signe de la tête qui peut passer pour un oui.

Elle sourit.

– Bienvenue, Alexandre ! Allez, installez-vous sans bousculer votre nouveau camarade !

Je me frotte les mains, j'ai réussi.

Nicolas s'assied à côté de moi. Heureusement, la place est libre puisque Xavier, mon voisin habituel, est absent aujourd'hui.

C'est au moment où la maîtresse nous demande de sortir nos cahiers que je me souviens de la dictée à préparer. Je l'ai complètement oubliée avec tous ces événements !

Et j'ai oublié aussi de prévenir Nicolas. Ça va être la catastrophe. Tellement de fautes qu'on ne pourra même plus les compter.

Pour sa première journée en classe, Nicolas est servi ! Mais, à la réflexion, il vaut peut-être mieux qu'il soit dégoûté. Comme ça, il n'aura pas envie de revenir demain. Car demain, l'école est finie, du moins pour lui.

Je relis ma dictée. Je m'attends au pire. Nicolas, à côté de moi, me lance un clin d'œil. Il a l'air serein. Il ne doit pas savoir ce qui l'attend !

J'ai fait vingt fautes. Le record de la classe.

– Tu devrais prendre exemple sur ton nouveau voisin, me lance la maîtresse, sans même avoir préparé sa dictée il a obtenu le meilleur résultat, zéro faute !

Tous les regards sont braqués sur Nicolas. C'est la première fois qu'un élève ne fait pas de faute à une dictée qu'il n'a pas préparée. En général, c'est Lauriane qui a la meilleure note, avec une ou deux fautes.

Nicolas me chuchote à l'oreille :

– C'est parce que je lis beaucoup !

À la récré, je donne à Nicolas la moitié de mon petit pain, parce qu'il a oublié d'en prendre un. Évidemment, il n'a pàs l'habitude. J'espère qu'il ne lui arrivera rien, j'ai quand même un peu peur.

– On va au toboggan ?

Je fixe Nicolas, ahurie :

– T'es fou ! Et si tu tombais ?

Il hausse les épaules.

– C'est toi qui disais que j'étais trouillard ? Eh bien, c'est plutôt toi qui as peur de tout.

Il ajoute à voix très basse :

– J'ai envie d'en profiter. Pour moi c'est la première et la dernière fois.

Merlin est d'accord avec Nicolas et nous nous dirigeons vers le toboggan. Je l'encourage même à emprunter la passerelle de corde, ça lui sera utile pour monter jusqu'à notre cabane dans les arbres. Lauriane nous rejoint. Elle se glisse entre Nicolas et moi et lui propose d'aller chez elle mercredi prochain. Merlin n'a pas l'air ravi, mais elle se tourne vers nous deux.

– Vous pouvez venir aussi, bien sûr.

Elle reprend :
– J'espère que tu aimes les gâteaux au chocolat, Alexandre ?

J'interviens :

– Évidemment que Nic... heu heu Alexandre aime les gâteaux au chocolat.

Ouf, je l'ai échappé belle.

Soudain, Merlin me pousse du coude et me chuchote à l'oreille :

– T'as rien oublié ?

Je m'inquiète :

– Qu'est-ce que j'ai oublié ?

Il grimace :

– Simplement qu'on a sport le jeudi matin après la récré ! Et qu'en sport on fait... ?

Je pousse un hurlement :

– Du roller ! On fait du roller !

C'est la fin du monde. Et je n'ai même pas le temps de réfléchir que la cloche sonne et qu'on entre en salle de sport. J'ai peur. J'imagine Nicolas sur les patins, Nicolas qui se casse la figure, Nicolas avec des bleus partout malgré les protections, Nicolas qui saigne, et le sang qui ne s'arrête plus, et l'ambulance, la civière et lui tout blanc dessus... Et personne n'est au courant de sa maladie, même pas le directeur. Je crois que je vais m'évanouir. Pourquoi n'ai-je pas pensé à tout ça ?

J'enfile mes rollers en me disant que s'il le faut je donnerai la main à Nicolas. C'est ça, Merlin d'un côté et moi de l'autre...

Madame Dubos s'arrête devant Nicolas.

– Je suis désolée, il n'y a pas de rollers disponibles pour toi. Mais je te promets que, la semaine prochaine, tu auras tout ton équipement.

– Tu as de la chance, souffle Lauriane, moi je déteste le roller ! Si tu veux, je te prête les miens...

Je l'interromps :

– Pas question ! De toute façon, vous n'avez pas la même pointure...

Heureusement, elle n'insiste pas et s'éloigne avec Merlin.

Sauvés !

Nicolas nous regarde patiner. Et, bien sûr, comme d'habitude, Lauriane tombe au milieu de la piste au bout de deux minutes. Quelle empotée ! Merlin se précipite pour l'aider à se relever. Nicolas se retient de rire. Je suis sûre qu'il se débrouillerait mieux qu'elle. Si seulement il pouvait faire du roller, on glisserait ensemble en se tenant par la main...

La cloche sonne et nous rentrons déjeuner chez nous. Nicolas nous invite à partager son repas.

– Ce sera pas grand-chose, puisque c'est Sophie qui aurait dû faire à manger, mais il y a du saucisson et du fromage...

Je cours prévenir maman pendant que les deux garçons préparent le pique-nique.

Quand je reviens, la table du salon disparaît sous les victuailles : pot de cornichons, olives, fromages de toutes sortes, pâtés, biscuits apéritif, saucisson, chips et trois paquets de biscuits.

Nous mangeons en regardant la cassette vidéo que Nicolas a reçue pour son dernier anniversaire. C'est beaucoup plus sympa que d'être assis à table. On n'a ni assiette ni fourchette. Pourquoi ne mange-t-on pas comme ça tous les jours ?

– On rangera à quatre heures ! On n'a plus le temps, il est une heure passée ! nous annonce Nicolas en éteignant le magnétoscope.

Je m'extrais à contrecœur de mon

fauteuil. Je serais bien restée là toute l'après-midi !

– Moi, j'ai envie d'aller à l'école !

– T'es bien le seul ! rouspète Merlin.

– Oui, mais pour moi ce sera fini ce soir ! soupire Nicolas.

Je n'y pensais plus. Demain, il reste à la maison. Plus de copains. Plus de zéro faute à la dictée. À la maison, ça ne doit pas faire le même effet. Personne pour vous admirer ou vous envier. Et moi, je serai de nouveau seule.

Je me lève en vitesse et j'enfile mon blouson. Si on ne veut pas se faire remarquer par madame Dubos, il vaut mieux ne pas traîner en route.

CHEZ LE DIRECTEUR

Nous entrons en classe et la maîtresse installe Nicolas à côté d'Aurélien.

– C'est ta place définitive. Voici aussi la liste des fournitures que tu devras te procurer et tes livres.

Puis elle s'adresse à toute la classe :

– Je vais vous distribuer des feuilles

de papier Canson et chacun dessinera le moment de ses vacances qui l'a le plus marqué.

Je suis sûre que Merlin pense déjà au minuscule morceau de quartz qu'il a trouvé en montagne. Moi, j'ai plutôt envie de dessiner la piscine du club de vacances avec son immense toboggan. Je me penche sur ma feuille et je commence à faire des montagnes en arrière-plan. Puis je continue avec la piscine pleine de gens. Le toboggan, c'est ce qu'il y a de plus compliqué, mais je finis par y arriver.

Madame Dubos ramasse les feuilles. Elle les regarde et les commente une à une :

– Lauriane, tu as fait une croisière ?

– Oui, dans les îles grecques. J'ai vu des moulins et on a grimpé au sommet d'une île sur un âne. Et j'ai même cru que j'allais tomber dans la mer…

La maîtresse brandit le dessin de Nicolas.

– Ah, Alexandre. Qu'est-ce que tu as représenté ? C'est un lit, on dirait. Tu as passé tes vacances à dormir ?

Je comprends tout de suite que Nicolas a dessiné la journée à l'hôpital. Il va se trahir. Au moment où il ouvre la bouche, je m'écrie :

– C'est un lit d'hôpital. On lui a enlevé l'appendicite.

Madame Dubos rectifie :

– On lui a enlevé l'appendice, parce qu'il avait une appendicite. C'est bien ça, Alexandre ?

Heureusement, Lauriane s'exclame :

– Ma mamie aussi a été à l'hôpital cet été. Elle avait des maths dans le ventre.

La maîtresse ouvre des yeux ronds :

– Des maths ?

– Oui, des cailloux dans les reins, c'est bien des maths ?

Madame Dubos éclate de rire.

– Ah, je vois. Tu veux dire des calculs.

Du coup, elle oublie Nicolas et elle passe au dessin suivant. J'adore Lauriane, elle a sauvé Nicolas.

Après les arts plastiques, on passe à la géographie.

– Vous allez vous séparer en groupes de quatre et vous allez vous répartir le travail... le sujet de l'exposé va vous intéresser : c'est la mer Méditerranée, où nous irons au printemps prochain...

Un exposé ! Elle exagère ! D'abord, on n'en a jamais fait, et ensuite ce n'est pas normal que nous fassions tout le travail... Mais ce qui est chouette, c'est qu'on peut rester entre copains. Je me dépêche de rassembler Nicolas, Merlin et Lauriane et nous commençons.

– La mer, c'est grand, soupire Merlin, on n'y arrivera jamais !

Nicolas le réconforte :

– Mais si ! Il suffit de s'organiser... qu'est-ce qu'il y a dans la mer ?

Lauriane s'écrie :

– Des dauphins ! J'en ai déjà vu !

– Des coquillages, ajoute Merlin.

Nicolas répartit le travail. Lauriane s'occupera des poissons et des mammifères qui peuplent la mer, Merlin des coquillages.

– Et toi, Aurore ? me demande Nicolas.

Je réfléchis. Qu'est-ce que je pourrais choisir qui ne donne pas trop de travail ? Je n'ai pas envie de passer ma vie à lire des encyclopédies !

Finalement, j'opte pour les algues, avec un peu de chance il n'y en a pas trop. Nicolas se charge de la partie la plus délicate : les pays qui possèdent des côtes sur la Méditerranée.

Nous reportons notre plan au propre sur une feuille. Les autres groupes ont l'air complètement perdus. Lauriane s'exclame :

– Tu avais déjà préparé des exposés, Alexandre ?

Il ne répond pas. Il reste penché sur sa feuille. Elle insiste :

– Eh Alexandre, je te parle !

Je pousse discrètement Nicolas du coude et il lève les yeux.

– Oui, ça m'est déjà arrivé ! Et j'adore chercher dans les livres...

Ouf ! Il n'a pas dit que c'est sa mère qui lui fait l'école. Il me chuchote :

– Je n'arrive pas à m'y faire, à mon nouveau prénom !

– C'est parce que Nicolas c'est plus mignon, je lui glisse à l'oreille pendant que les deux autres bavardent.

Évidemment, ce serait génial qu'on puisse l'appeler par son vrai prénom. Mais il ne faut pas demander l'impossible. Soudain, je me rappelle un détail : Nicolas s'est proposé de faire une partie de l'exposé, mais dès demain il ne sera plus là ! Et qui va faire son travail alors ?

La cloche sonne et madame Dubos nous annonce qu'après la récréation nous parlerons du financement de la classe de mer.

Aussitôt dans la cour, Nicolas, tout excité, s'écrie :

– J'ai une idée pour la classe de mer ! On pourrait vendre des calendriers.

Lauriane s'interpose :

– J'ai déjà proposé cette idée.

– Et si on organisait une tombola ?

Nicolas semble avoir complètement oublié qu'il n'ira pas en classe de mer. Mais je n'ai pas envie de le lui rappeler, il a l'air si content.

D'ailleurs, madame Dubos se dirige vers nous.

– Qu'est-ce qu'elle nous veut ? s'inquiète Merlin.

La maîtresse s'adresse à Nicolas :

– Il y a un petit problème dans ton dossier, Alexandre. Il faut que tu ailles chez le directeur pour le régler... Mais comme tu ne sais pas où ça se trouve, Aurore se fera un plaisir de t'accompagner... N'est-ce pas Aurore ?

Je bredouille un oui inaudible. Et j'entraîne Nicolas vers le bureau.

Le directeur est assis derrière sa table surchargée de papiers. Il nous fait signe de nous asseoir.

– Alors, Alexandre, tu te plais dans ta nouvelle école ? demande-t-il.

Je m'arrête de trembler. Ouf ! Il ne sait rien !

– Ce qui est vraiment étrange, continue-t-il, c'est que ta maman a téléphoné tout à l'heure.

Nicolas ouvre des yeux ronds et moi j'ai l'impression que les miens vont sortir de leurs orbites. La mère de Nicolas a téléphoné au directeur !

– La mère d'Alexandre m'a appelé pour confirmer que son fils ne viendra pas dans notre école cette année… Alors peux-tu me dire ce que tu fais chez nous ?

Il ajoute en articulant posément :

– Peux-tu nous dire qui tu es ?

Je vais tomber dans les pommes. Je me cramponne à ma chaise. Nicolas soupire :

– C'était trop beau !

Puis, lentement, en cherchant ses mots, il explique tout au directeur : sa maladie, l'inquiétude de sa mère, l'école à la maison et notre aventure.

– En effet, c'est une aventure ! s'exclame le directeur. C'est surtout une énorme bêtise et je n'ai pas du tout envie de vous féliciter...

Je rétorque :

– On n'avait pas le choix ! C'était une

occasion unique pour Nicolas d'aller à l'école...

Le directeur dévisage Nicolas gravement :

– Tu as tellement envie de venir chez nous ?

Nicolas répond vivement :

– J'en ai assez de l'école à la maison. Je veux des copains, je veux jouer avec eux à la récré, et je veux aller en classe de mer... D'ailleurs j'ai un exposé à faire avec Aurore, Lauriane et Merlin...

Le directeur soupire.

– Je te comprends. Mais ce n'est pas une raison pour venir à l'école à la place d'un autre !

Il ajoute encore que, depuis vingt ans qu'il dirige l'école, il n'a jamais eu un cas de ce genre, mais que cela lui servira de leçon.

Je ne sais pas trop ce qu'il entend par là, mais je devine un sourire au fond de ses yeux.

Je crois que je ne vais pas tomber dans les pommes, finalement.

UN ÉLÈVE DE PLUS

Le directeur a raccompagné Nicolas chez lui, ce soir-là. Je n'étais pas invitée, mais Nicolas m'a tout raconté.

– Tu aurais dû voir la tête de ma mère !

Il trépigne d'allégresse.

– En définitive, le résultat c'est que je suis inscrit !

– Inscrit où ? je demande bêtement.

– Mais à l'école !

Je suis si contente que je lui saute au cou, et que je manque le renverser.

– Eh doucement ! Ne le casse pas maintenant qu'il est opérationnel, rigole Merlin.

– Le directeur a parlé de réunions d'information dans les classes. Il a dit qu'il avait déjà eu des enfants hémophiles dans son école et que ça s'était bien passé. Ils faisaient même du sport ! Enfin, bien sûr, pas des sports violents…

– Et la classe de mer ? Tu as parlé de la classe de mer ? demande Merlin.

– Évidemment, mais ma mère n'a pas encore dit oui !

Il ajoute précipitamment devant mon air déçu :

– Mais elle n'a pas dit non ! On peut commencer à préparer la tombola…

Je n'en reviens pas. Finalement ce n'est pas si difficile de faire changer les mères d'avis. Il suffit de les mettre devant le fait accompli. Mais je dois avouer que celle de Nicolas a bien réagi. Elle aurait pu se fâcher et lui interdire de nous revoir. En plus, on avait laissé tous les papiers et les miettes du pique-nique sur la table du salon et elle n'a même pas rouspété ! Elle est vraiment sympa.

– On a gagné, on a gagné ! je hurle en pénétrant dans la maison.

Maman en profite pour nous demander ce qui nous rend si joyeux et nous lui apprenons la bonne nouvelle. Elle embrasse Nicolas qui rougit jusqu'aux oreilles et elle s'exclame :

– Mon pauvre Nicolas, avec tes deux nouveaux amis tu n'es pas au bout de tes surprises ! Avec Aurore surtout, il faut s'attendre à tout !

Je ne sais pas trop si c'est un compliment ou un reproche. Je décide que c'est un compliment.

Nicolas m'entraîne vers le jardin.

Nous passons devant les dahlias qui jettent des taches de lumière sur l'herbe et nous atteignons l'arbre à la cabane. Merlin va chercher l'échelle en fer et nous gravissons les barreaux, Nicolas entre nous.

– La prochaine fois, on pourrait inviter Lauriane, suggère Merlin.

Je fais semblant de réfléchir. Et je dis :

– Bien sûr ! Elle est sympa, Lauriane…

Nicolas s'affale sur les coussins multicolores.

– Vous savez ce qui est chouette ?

Nous tournons les yeux vers lui en même temps, mon frère et moi.

– Ce qui est chouette, c'est que grâce à vous je vis normalement !

Et il ajoute en souriant :

– Avant, je n'allais pas à l'école, je ne montais pas dans les cabanes perchées dans les arbres…

Il rit :

– Et je ne mentais jamais !

J'achève :

– Ça a dû être affreux ! Heureusement que tu es venu habiter à côté de chez nous !

Je pousse un cri. Je me rends compte qu'avec tout ça j'ai complètement oublié d'écrire à Delphine ! Et elle aussi, d'ailleurs. Je me demande si elle s'est fait de nouveaux copains...

Demain, juré, je lui écris. Une lettre d'au moins dix pages. Il faut au moins dix pages pour raconter Nicolas.

informations
cascade

LE SAVEZ-VOUS ?

• L'hémophilie est connue depuis plus de 1 500 ans. D'anciens écrits égyptiens en parlent avec précision. Elle a été décrite comme une maladie héréditaire en 1803.

• L'aspirine est interdite aux hémophiles, car elle rend le sang plus fluide et donc plus lent à coaguler.

• Né en 1904, Alexis, le fils du tsar Nicolas II de Russie, était hémophile. À cette époque, les médecins ne savaient pas soigner les douleurs et les saignements, qui pouvaient durer des semaines. Désespérée par la gravité de l'état de son fils, la tsarine Alexandra Feodorovna se tourna vers le moine Raspoutine, qui prétendait posséder un pouvoir de guérison.

DOIT-ON ALLER À L'ÉCOLE ?

Contrairement aux idées reçues, ce n'est pas l'école qui est obligatoire, mais l'instruction.
La loi que Jules Ferry a fait adopter en 1882 précise que « l'instruction primaire est obligatoire pour les enfants des deux sexes âgés de six ans révolus à treize ans révolus ; elle peut être donnée soit dans les établissements d'instruction primaire ou secondaire, soit dans les écoles publiques ou libres, soit dans les familles par le père de famille lui-même ou par toute personne qu'il aura choisie ».
Il est donc tout à fait possible de suivre l'enseignement scolaire à la maison et d'être instruit par sa mère, son père, un instituteur, un professeur particulier ou un précepteur.

Deux lois votées l'une en 1936 et l'autre en 1982 ont complété la loi Jules Ferry. Elles prévoient qu'à l'âge de huit, dix ou douze ans, les enfants scolarisés à domicile font l'objet d'une enquête de la mairie qui transmet ses conclusions à l'inspection d'académie. On vérifie en particulier leurs connaissances en lecture, en écriture et en calcul. Chaque année, les maires font la liste de tous les enfants scolarisés – à l'école et à domicile – de leur commune.
En France, il y a aujourd'hui environ mille enfants concernés par l'instruction à domicile, alors que six millions d'élèves se rendent à l'école maternelle et primaire.

L'HÉMOPHILIE, UNE MALADIE TRÈS RARE

Le sang est le symbole de la vie. Il circule dans tout le corps et nous permet de bouger, de jouer, de penser, d'étudier, de danser, de faire du sport... Si nous nous écorchons le genou, le sang qui coule durcit (on dit qu'il « coagule ») très vite au contact de l'air et la blessure se referme. Mais il arrive que le sang ne s'arrête pas de couler : c'est ce qu'on appelle l'hémophilie, une maladie rare, héréditaire et plus ou moins grave. Dans ce cas, il manque une composante au sang : l'un des « facteurs » qui lui permettent de coaguler.
En France, cinq mille personnes environ sont atteintes d'hémophilie. Ce sont les hommes et les garçons qui souffrent de cette affection. Les femmes et les filles, elles, portent la maladie dans leurs

gènes et risquent de la transmettre à leurs bébés, mais ne sont pas malades. Quand, dans un couple, l'homme est hémophile, ses fils seront sains et ses filles porteront le gène de la maladie ; si c'est la femme qui est porteuse du gène, ses fils seront sains ou malades, et ses filles saines ou porteuses.

Des règles élémentaires de prudence

Les signes de la maladie apparaissent en général très tôt, dès que l'enfant commence à marcher à quatre pattes. En grandissant, il apprend à vivre avec sa maladie et à éviter tout ce qui pourrait le faire saigner, car la moindre blessure, le plus léger choc, risquent de le conduire à l'hôpital. Afin de prévenir tout accident, il utilise de préférence un lit peu élevé, évite de monter aux arbres, de manipuler des objets tranchants et de s'amuser avec des jouets qui pourraient provoquer des contusions. S'il se blesse, il lui faut prendre un médicament qui aidera son sang à coaguler.

Quels sports pratiquer ?

Les enfants hémophiles doivent être très prudents, mais cela ne veut pas dire qu'ils ne doivent pratiquer aucun sport et vivre dans du coton. Ils peuvent faire de la natation, de la marche, de la gymnastique, et même du vélo en utilisant toutes les protections existantes : casque, genouillères...
Mais le judo, le parachute, la boxe ou le karaté sont interdits pour éviter les chutes ou les coups qui occasionnent bleus, hématomes et saignements dans les articulations.

Objectif : une vie normale

Aujourd'hui les soins médicaux ont évolué et très peu d'enfants sont obligés de manquer l'école à cause de leur maladie. Infirmières ou médecins se rendent à domicile pour surveiller leur santé et leur faire des perfusions si nécessaire. Certains enfants apprennent d'ailleurs à les faire eux-mêmes.

Leurs parents informent le directeur de l'école de leur maladie ainsi que les instituteurs et autres personnes auxquelles ils auront affaire. L'enfant peut profiter des récréations, des jeux et de la piscine : les adultes qui l'entourent font un peu plus attention à lui qu'aux autres et ont appris les gestes à exécuter en cas d'urgence.
Si l'hémophilie est une maladie qu'on ne sait pas encore guérir, les médecins la traitent efficacement grâce à de nombreux médicaments. Ainsi, les malades bénéficient d'un vrai plaisir de vivre… comme les autres !

LES ASSOCIATIONS D'HÉMOPHILES

Il existe de nombreuses associations, dont la plus importante est :

• **L'Association Française des Hémophiles**, 6 rue Alexandre Cabanel, 75015 Paris.
Tél. : 01 45 67 77 67.
Site Internet : www.epsilon-sante.fr

Dans chaque région, il existe un **Comité Régional de l'AFH**, comme :

• Bretagne : 6 rue Marcel Pagnol, 29200 Brest. Tél. : 02 98 01 17 79.
• Lorraine : 302 Chemin de Voivre, 54690 Eulmont. Tél. : 03 83 98 26 08.
• Nord-Pas-de-Calais : 22 rue des Baudins, 59226 Lecelles.
Tél. : 03 27 48 18 56.
• Provence-Côte d'Azur : CHRU La Timone, Centre régional de traitement de l'hémophilie, 254 rue Saint-Pierre, 13385 Marseille Cedex 5.
Tél. : 04 91 38 67 76.

UN SANG D'ENCRE

De nombreuses expressions utilisent le mot « sang ». En voici quelques-unes :

De sang-froid : avec beaucoup de calme.

Avoir un coup de sang : manifester une très grande colère, être furieux.

Se ronger les sangs ou *se faire du mauvais sang* ou *se faire un sang d'encre* : éprouver de l'inquiétude et de la nervosité.

Suer sang et eau : faire de très gros efforts.

Mettre à feu et à sang : détruire complètement, faire une guerre totale.

Faire tourner les sangs : provoquer une violente émotion.

Glacer le sang dans les veines : causer une peur si forte que le sang paraît ne plus circuler à l'intérieur du corps.

Mon sang n'a fait qu'un tour : être bouleversé par une nouvelle ou par un événement.

Bon sang ne saurait mentir : celui qui appartient à une noble famille ne saurait se montrer indigne d'elle.

Avoir quelque chose ou quelqu'un dans le sang : éprouver une forte passion, ne pas pouvoir se passer d'une personne ou d'un objet.

Ces dossiers ont été réalisés en collaboration avec Nicole Bustarret.

L'AUTEUR

Geneviève Senger est née en août 1956 à Mulhouse, par un de ces jours dont l'Alsace a le secret, plein de soleil et de chaleur.
À six ans, à l'école, elle a découvert les livres. Alors a commencé sa passion pour la langue française et elle a su qu'un jour elle serait écrivain. Pourtant, elle a mis longtemps à prendre la plume… peut-être n'osait-elle pas. Aujourd'hui, elle vit près de Belfort avec ses enfants et ses arbres et elle écrit des livres. Des livres qui naissent de sa mémoire. Des mélanges de fiction et de réalité, de souvenirs et de rêves.

L'ILLUSTRATEUR

Christian Maucler est né en 1961 à Bonneville en Haute-Savoie, mais il s'est mis à faire du ski à partir du moment où il est parti à Strasbourg suivre le chemin des écoliers de Claude Lapointe. Dans la mesure du possible, il essaie de travailler en voyageant ; si cela ne peut se faire, il travaille, puis il voyage... Ce qui lui fait dire qu'il aurait aimé être de ces hommes qui dessinèrent les « carnets de voyage » des siècles passés. Que dire de plus ? Qu'il y a encore plein de bonnes histoires à dessiner parce que la Terre est pleine de gens fascinants...

cascade 7-9

ALEX ET LES ROIS DE L'ÉCOLE
Catherine Missonnier.

ATTENTION PETIT MONSTRE
Gilles Fresse.

CHAMPIONS LES ROLLERS !
Chantal Cahour.

CLÉMENT CHERCHE LA PETITE BÊTE
Chantal Cahour.

COMMENT DEVENIR PARFAIT EN TROIS JOURS
Stephen Manes.

UNE COPINE À LA PISCINE
Stéphane Méliade.

DEUX MAÎTRESSES POUR UNE RENTRÉE
Stéphane Daniel.

UN FANTÔME EN CLASSE VERTE
Sandrine Pernusch.

LE FILS DES LOUPS
Alain Surget.

LA GRANDE PEUR D'HALLOWEEN
Alain Surget.

INSPECTEUR CATASTROPHE
Gilles Fresse.

JUJU LA PÉTOCHE
Gilles Fresse.

MAGIC MORGAN
Anne-Marie Desplat-Duc.

MON COUSIN EST CÉLÈBRE
Chantal Cahour.

MON EXTRATERRESTRE PRÉFÉRÉ
Évelyne Brisou-Pellen.

MYRTILLE N'EN FAIT QU'À SA TÊTE
Chantal Cahour.

MYSTÈRE ET CHARCHAFOUILLE
Jean Alessandrini.

MYSTÈRE EXPRESS
Jean Alessandrini.

OH, LES Z'AMOUREUX !
Amélie et Marc Cantin.

OPÉRATION CALEÇON AU CE2
Catherine Missonnier.

PAPY PASSE À LA TÉLÉ
Béatrice Rouer.

PAPY RETOURNE À L'ÉCOLE
Béatrice Rouer.

LES PATATES MAGIQUES
Geneviève Senger.

cascade 7-9

LA PÊCHE AUX DOIGTS DE SORCIÈRES
Béatrice Rouer.

PETIT FÉROCE CHAMPION DE LA JUNGLE
Paul Thiès.

PETIT FÉROCE DEVIENDRA GRAND
Paul Thiès.

PETIT FÉROCE N'A PEUR DE RIEN
Paul Thiès.

PETIT FÉROCE VA À L'ÉCOLE
Paul Thiès.

LA PLUS GROSSE BÊTISE
Évelyne Brisou-Pellen.

UNE POTION MAGIQUE POUR LA MAÎTRESSE
Gilles Fresse.

LA PRINCESSE AUX CHEVEUX VERTS
Paul Thiès.

PRIVÉS DE TÉLÉ
Gilles Fresse.

LES QUATRE FONT LA PAIRE
Chantal Cahour.

LE ROCK DE LA MAÎTRESSE
Gilles Fresse.

SEULS À LA MAISON
Geneviève Senger.

LA SORCIÈRE EST DANS L'ASCENSEUR
Paul Thiès.

SUPERMAMIE
Gilles Fresse.

SUPERMAN CONTRE CE2
Catherine Missonnier.

SURPRISE AU BRIC-À-BRAC
Chantal Cahour.

TOUS LES JOURS EN VACANCES
Geneviève Senger.

LE TRÉSOR DES DEUX CHOUETTES
Évelyne Brisou-Pellen.

VÉTÉRINAIRE, C'EST SUPER !
Anne-Marie Desplat-Duc.

LE VRAI PRINCE THIBAULT
Évelyne Brisou-Pellen.

LA VRAIE PRINCESSE AURORE
Évelyne Brisou-Pellen.

ZÉBULON LA TERREUR
Paul Thiès.

cascade

9-11

ALBERT A LA BERLUE
Michel Le Bourhis.

UNE AMIE GÉNIALE
Sandrine Pernusch.

L'ATTAQUE DE L'OURS
Alain Surget.

AU BOUT DU CERF-VOLANT
Hélène Montardre.

AU SECOURS MÉLUSINE !
Yvon Mauffret.

LES AVENTURES D'UN CHIEN PERDU
Dagmar Galin.

AVERTISSEMENT DE CONDUITE
Ségolène Valente.

LA BANDE DE FORT APACHE
Jacques Asklund.

BIEN JOUÉ MÉLUSINE !
Yvon Mauffret.

BILLY CROCODILE
Yves-Marie Clément.

ÇA CHAUFFE À LA MAISON
Nadine Walter.

CET ÉTÉ, ON DÉMÉNAGE
Anne-Marie Desplat-Duc.

CHUT... SECRET DE FAMILLE
Marie Dufeutrel.

CLAIR DE LOUP
Thierry Lenain.

CLASSE DE LUNE
François Sautereau.

LES CM2 À LA UNE
Catherine Missonnier.

COMMENT VIVRE 7 VIES SANS AVOIR MAL AUX PIEDS
Évelyne Brisou-Pellen.

LA COURSE AUX RECORDS
Lorris Murail.

DANGER JOURNAL SECRET
Guy Jimenes.

DE L'EAU PLEIN LES BOTTES
Chantal Cahour.

LES DISPARUS DE FORT BOYARD
Alain Surget.

LA DOUBLE CHANCE DE JULIETTE
Françoise Elman.

L'ENFANT CHEVREUIL
Roger Judenne.

ENQUÊTE ET PATINS À ROULETTES
Alice Hulot.

EXTRATERRESTRE APPELLE CM1
Catherine Missonnier.

LE GOUFFRE AUX FANTÔMES
Alain Surget.

LA GUERRE DES POIREAUX
Christian Grenier.

HISTOIRE DE LUCIEN
François Charles.

L'ÎLE AUX TORTUES
Michel Girin.

L'INCONNU DU QUATRIÈME
Alice Hulot.

J'AIME PAS LA NATURE
Gérard Bialestowski.

JEUX DE FAMILLE
Pascale Perrier.

JOUER C'EST GAGNER
Pascale Perrier.

LE JOURNAL SECRET DE MARINE
Sandrine Pernusch.

LACE-MOI LES BASKETS
Guy Jimenes.

Achevé d'imprimer en juillet 2001 par Hérissey
Dépôt légal : juillet 2001
N° d'édition : 3639
N° d'impression : 90262